AF316728

הַסֵּפֶר מֻקְדָּשׁ בְּאַהֲבָה וְהַעֲרָכָה רַבָּה לְאִמָּא לֵאָה וּלְאַבָּא אֵלִיָּהוּ,
לְיָרִיו, לִירָן, עִדּוֹ, גַּיְא, רוֹנִי וְאָסָף. שֶׁכָּל מִשְׁאֲלוֹת לִבְּכֶם תִּתְמַלֶּאנָה לְטוֹבָה.
אוֹהֶבֶת, קֶרֶן.

All Rights Reserved © 2022 by Karen Ashram

© 2021 Hebrew rights reserved by Karen Ashram

הספר ראה אור בעברית לראשונה בשנת 2021.

ISBN: 978-0-9883020-8-2 (Paperback)
ISBN: 978-965-92961-2-5 (Hardcover)

Library of Congress Control Number: 2020925278

עריכה לשונית : שלומית אלטשולר

Illustrated by
Jorge Catacora
www.jcatacora.com

Easy to Print Publishing
www.easytoprintpublishing.com
www.seasonsandcolors.com

הורים ואנשי חינוך יקרים,

בעם היהודי בכלל, ובציבור היהודי בארץ ישראל בפרט, קיימים זרמים שונים ומסורות שונות, והם השפיעו רבות על הנחלת החינוך היהודי. עובדה זו יצרה התייחסות שונה ברובד הלאומי, הדתי והחברתי לאופן שבו אנו חוגגים את חגי ישראל במשפחות הפרטיות שלנו בארץ ובתפוצות.

עם זאת, בין כל מועדי ישראל שזור חוט מקשר של ערכים ייחודיים, של מנהגים, סמלים ומאכלים, של ברכות ותפילות, והוא מאפשר את המשך קיומה של מסורת החגים, שימורה והעברתה לדורות הבאים.

מקורם של רוב החגים והמועדים בתורה, את חלקם קבעו חז"ל וחלקם נוספו עם השנים. זמנם נקבע על פי לוח השנה העברי. בגיל הרך וגם בהמשך חיינו הבוגרים מחזקים בנו החגים את תחושת השייכות והאחדות ומנחילים לנו גם ערכים חברתיים רבים.

הספר עוסק בדרך חווייתית בחגים ובמועדים המרכזיים בחיי עם ישראל. באמצעות הכרת החגים השונים נחשף הילד ומתוודע לערכי החברה ולתפיסת המחזוריות במעגל השנה והתחדשותו אשר פועלת במקביל בטבע. דוגמה לכך ניתן לראות בהתייחסות לט"ו בשבט – מחזור העץ ונטיעת שתילים, לחג הפסח – עם בוא האביב ושפע הפריחה ולחג השבועות – עת קציר היבולים ומצוות הביכורים.

מטרת הספר לטפח הכרה של המנהגים השונים אשר חלקם מוטבע במקורות ההיסטוריים שלנו, בדת ובטבע, ולהשריש בילד הזדהות עמם ותחושת שייכות אליהם. כל זאת בד בבד עם הקניית ערכים כגון אחדות, אכפתיות, מעורבות אישית וקולקטיבית, יחסים בין אדם לחברו, עזרה הדדית ונתינה.

בכל חג מוצגת שאלת ידע או שאלה כללית. התשובות לשאלות הידע אינן מופיעות בסיפור והן מניעות את הקורא לחיפוש ידע נוסף. הצגת השאלה הכללית מאפשרת התבוננות אישית של הפרט על חייו, על האופן שבו הוא מציין את החגים ועל משמעותם עבורו.

הספר מלווה בציטוטים מהתורה ומן המקורות ההיסטוריים ומתובל בהווי הישראלי.

קריאה נעימה!

שלכם באהבה,
קרן

מוֹעֲדֵי יִשְׂרָאֵל
מַסָּעוֹ שֶׁל סְבִיבוֹן בְּמַעְגַּל הַשָּׁנָה
קֶרֶן אֲשֶׁרם

לֵיל נֵר רִאשׁוֹן שֶׁל חֲנֻכָּה. הַשֶּׁמֶשׁ כְּבָר שָׁקְעָה וְהַנֵּרוֹת הַצִּבְעוֹנִיִּים בַּחֲנֻכִּיָּה
אֲשֶׁר עַל אֶדֶן הַחַלּוֹן הֵאִירוּ אֶת הַסִּמְטָה הַחֲשׁוּכָה.
אִמָּא, סָבְתָּא, דּוֹדָה מִרְיָם וְאוֹרְחִים נוֹסָפִים יָשְׁבוּ סְבִיב הַשֻּׁלְחָן, שׂוֹחֲחוּ וְאָכְלוּ
מִמִּגְוָן מַאֲכְלֵי הֶחָג הַמְטֻגָּנִים, וְאוּרִי שִׂחֵק בְּחַדְרוֹ עִם סוּבִי,
הַסְּבִיבוֹן הֶחָדָשׁ שֶׁקִּבֵּל בְּמַתָּנָה לֶחָג.

סֻבִּי, סְבִיבוֹן הַמֻּפְעָל בְּעֶזְרַת סוֹלְלוֹת, הָיָה סְבִיבוֹן חֲסַר מְנוּחָה, שׁוֹבָב וְעַלִּיז, שֶׁהֵפִיק צְלִילִים מְיֻחָדִים וְדִבֵּר
וְשָׁר בְּעִבְרִית. אוּרִי סוֹבֵב אֶת סֻבִּי פַּעַם אַחַר פַּעַם. סֻבִּי הָיָה שָׁר וּמִסְתּוֹבֵב בַּהֲנָאָה עַד אֲשֶׁר הָיָה מִתְעַיֵּף,
מִתְגַּלְגֵּל וְנוֹפֵל עַל הָרִצְפָּה... אוּרִי עָזַר לְסֻבִּי לָקוּם וְסוֹבֵב אוֹתוֹ שׁוּב וָשׁוּב, סִיבוּב אַחַר סִיבוּב.
סֻבִּי נִרְאָה שָׂמֵחַ מְאוֹד, רוֹקֵד וְשָׁר לוֹ לְלֹא מְנוּחָה אֶת שִׁירֵי חַג הַחֲנֻכָּה, וְאוּרִי אִתּוֹ רוֹקֵד וְשָׁר:
״סְבִיבוֹן, סֹב סֹב סֹב, חֲנֻכָּה הוּא חַג טוֹב...״

הַנֵּרוֹת בַּחֲנֻכִּיָּה כָּבוּ זֶה מִכְּבָר. סָבְתָא, דּוֹדָה מִרְיָם וְהָאוֹרְחִים הָלְכוּ לְבָתֵּיהֶם, וְהַלְּבִיבוֹת וְהַסֻּפְגָּנִיּוֹת הַטְּעִימוֹת חֻסְּלוּ כֻּלָּן.
"אוּרִי, הִגִּיעַ זְמַן לִישֹׁן", קָרְאָה אִמָּא.

אוּרִי הָיָה כְּבָר דֵּי עָיֵף וּמְסֻחְרָר, אֲבָל רָצָה לְהַמְשִׁיךְ לְשַׂחֵק עִם סוֹבִי.
וַאֲנִי, סוֹבִי, הָיִיתִי זָקוּק לִמְנוּחָה. הָרֹאשׁ הִסְתּוֹבֵב לִי, וְהַצְּלִילִים שֶׁלִּי כְּבָר נִהְיוּ צְרוּדִים לְמַדַּי.
בְּדִיּוּק בָּרֶגַע זֶה, כְּשֶׁאֲנִי כְּבָר רָצִיתִי לְנַמְנֵם, סוֹבֵב אוֹתִי אוּרִי עוֹד סִיבוּב אֶחָד אַחֲרוֹן,
סִיבוּב שֶׁסִּחְרֵר אוֹתִי כָּל כָּךְ וְהָיָה קָשֶׁה לִי מְאוֹד לַעֲצֹר...

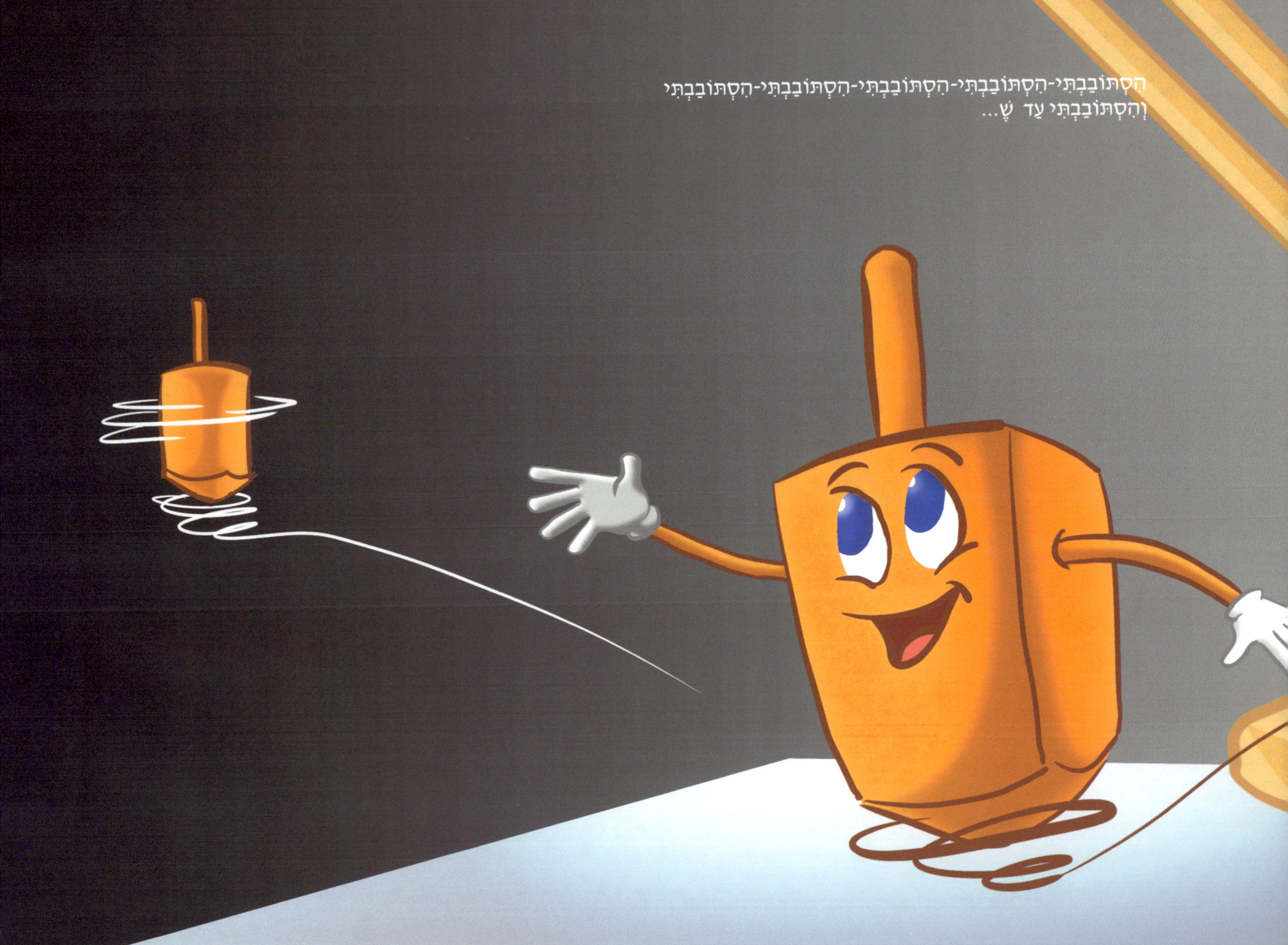

הִסְתּוֹבַבְתִּי-הִסְתּוֹבַבְתִּי-הִסְתּוֹבַבְתִּי-הִסְתּוֹבַבְתִּי-הִסְתּוֹבַבְתִּי
וְהִסְתּוֹבַבְתִּי עַד שֶׁ...

נְעֲנַי, בְּרְנָאוֹט... אֲבָל זֶה כְּוֵּן, כָּכָל מִשְׁבֵּינַי הָיָה רָשׁוּי וְלֹא נֶשֶׁף.
"אֵיפֹה אֲנִי? הָלוֹ, מִישֶׁהוּ שׁוֹמֵעַ אוֹתִי כָּאן?
אוֹרִי! אוֹרִי!... אוֹרִי!"
מִסָּבִיב שֶׁקֶט וְאֵין עוֹנֶה. חֲשָׁשׁ מִתְגַּנֵּב לְלִבִּי.
אֲנִי מַתְחִיל לִהְיוֹת מֻדְאָג, אֲנִי לֹא אוֹהֵב לִהְיוֹת לְבַד.

אֲנִי מְאֹד מִתְגַּעְגֵּעַ לְאוֹרִי, אַךְ אֵין לִי זְמַן לִשְׁקֹעַ בְּעֶצֶב וּבְחֹסֶר עֲשִׂיָּה.

עָלַי לְהִתְאוֹשֵׁשׁ מַהֵר וְלֶאֱזֹר כֹּחַ וְשִׂמְחָה כְּדֵי לִמְצֹא אֶת דַּרְכִּי חֲזָרָה.

אֲבָל לְאָן? אֲנִי זוֹכֵר מָקוֹם מוּאָר, רֵיחוֹת שֶׁל מַאֲכָלִים מְתוּקִים, קוֹלוֹת שֶׁל צְחוֹק וְצָהֳלָה.

אֲנִי שׁוֹמֵעַ מַנְגִּינָה שֶׁמִּתְנַגֶּנֶת, אֶת הַדֶּרֶךְ חֲזָרָה לִי בְּוַדַּאי הִיא מְסַמֶּנֶת.

שְׁבָט
"אֶרֶץ חִטָּה וּשְׂעֹרָה, וְגֶפֶן וּתְאֵנָה וְרִמּוֹן, אֶרֶץ-זֵית שֶׁמֶן וּדְבָשׁ". (דברים ח׳, ח׳)

♪ רוֹ בְּלֵב וְאֵת בְּיָד, מִן הָעִיר וּמִן הַכְּפָר, ♪
♪ תֵּיכֶף הוֹלְכִים הַשּׁוֹתְלִים: ♪

"סַבִּיבוֹן יָקָר, הִצְטָרֵף אֵלֵינוּ וְבוֹא אִתָּנוּ לַנְּטִיעוֹת, חֲגִיגַת רֹאשׁ הַשָּׁנָה לָאִילָנוֹת, חַג שָׂמֵחַ לַטֶּבַע!

הַמְּלָאכָה מְרֻבָּה, אַךְ בְּשִׂמְחָה רַבָּה אֲנַחְנוּ כָּאן עִם בְּנֵי מִשְׁפָּחָה וַחֲבֵרִים – מְקוֹשְׁשִׁים, גּוֹרְפִים, חוֹפְרִים, עוֹדְרִים וְנוֹטְעִים שְׁתִילִים זְעִירִים שֶׁמֵּהֶם יִצְמְחוּ עֵצִים חֲדָשִׁים".

טו בִּשְׁבָט הוּא חַג שֶׁנָּחֹג בִּמְיֻחָד בְּאַרְצֵנוּ יִשְׂרָאֵל, אֶרֶץ זָבַת חָלָב וּדְבַשׁ. אָנוּ אוֹכְלִים מִשִּׁבְעַת הַמִּינִים וּמִמְּגָן מַאֲכָלִים שֶׁבָּהֶם נִשְׁתַּבְּחָה אַרְצֵנוּ וּמְבָרְכִים עֲלֵיהֶם, טוֹעֲמִים מִינֵי פֵּרוֹת יְבֵשִׁים – צִמּוּקִים, תְּאֵנִים, תְּמָרִים, וְנֶהֱנִים גַּם מִזֵּיתִים וּמֵרִמּוֹנִים.

"שָׂמַחְתִּי לַעֲזֹר וּלְהִשְׁתַּתֵּף בַּנְּטִיעוֹת, אַךְ כָּעֵת עָלַי לְהַמְשִׁיךְ בְּדַרְכִּי אֶל הֶחָג הַבָּא".

"סְבִיבוֹן יָקָר, בְּהַצְלָחָה! עֲדַיִן מְצַפָּה לְךָ דֶּרֶךְ אֲרֻכָּה הַבַּיְתָה חָזְרָה".

קוֹלוֹת שִׂמְחָה וְצָהֳלָה נִשְׁמָעִים.

"סְלִיחָה, אֲנָשִׁים, לְאָן אַתֶּם צוֹעֲדִים? מַה כָּאן מִתְרַחֵשׁ? יֶלֶד עִם מַקּוֹר וְכַרְבֹּלֶת? יֶלֶד אַחֵר עִם אָזְנַיִם שֶׁל דֹּב וְיַלְדָּה בִּגְלִימָה מְהַדֶּרֶת?"

"שָׁלוֹם, סְבִיבוֹן יָקָר, אַתָּה נִרְאֶה מְאוֹד מֻפְתָּע. 'מִשֶּׁנִּכְנַס אֲדָר מַרְבִּין בְּשִׂמְחָה'? הִצְטָרֵף אֵלֵינוּ לְתַהֲלוּכַת הָעַדְלָיָדַע (עַד דְּלֹא יָדַע) בִּשְׁלַל תִּלְבּוֹשׁוֹת, תַּחְפּוֹשׂוֹת וּמַסֵּכוֹת סַסְגּוֹנִיּוֹת, מִגְּדוֹלִים וְעַד קְטַנִּים – כֻּלָּם נִרְאִים כָּל כָּךְ שׁוֹנִים."

יָ"ד בַּאֲדָר, חַג פּוּרִים שָׂמֵחַ! מִזִמָּתוֹ שֶׁל הָמָן הָרָשָׁע לְהַשְׁמָדַת הַיְּהוּדִים נִכְשְׁלָה, גּוֹרַל הָעָם הַיְּהוּדִי הִתְהַפֵּךְ לְטוֹבָה וְיוֹם הָעֶצֶב הָיָה לְיוֹם שִׂמְחָה! מְגִלַת אֶסְתֵּר מְתָאֶרֶת אֶת הַמְּאֹרָעוֹת בְּיָמָיו שֶׁל הַמֶּלֶךְ אֲחַשְׁוֵרוֹשׁ, וּכְשֶׁמֻּזְכָּר שְׁמוֹ שֶׁל הָמָן בִּקְרִיאַת הַמְּגִלָּה, בָּרַעֲשָׁנִים אָנוּ מַרְשְׁרְשִׁים קוֹלוֹת שֶׁל רַעַשׁ וַהֲמֻלָּה.

סְעוּדַת מִשְׁתֶּה מְכַבֶּדֶת עוֹרְכִים, מַתָּנוֹת לָאֶבְיוֹנִים שׁוֹלְחִים, מִשְׁלוֹחֵי מָנוֹת לִבְנֵי מִשְׁפָּחָה וַחֲבֵרִים מִכָּל הַלֵּב אָנוּ מְכִינִים, וְאִישׁ לְרֵעֵהוּ אוֹתָם מְחַלְּקִים.

"אָכֵן, חֲגִיגָה גְּדוֹלָה וּשְׂמֵחָה! נֶהֱנֵיתִי מְאֹד וְתוֹדָה רַבָּה, אַךְ כָּעֵת עָלַי לְהַמְשִׁיךְ בְּדַרְכִּי אֶל הַחַג הַבָּא".

"לַיְּהוּדִים הָיְתָה אוֹרָה וְשִׂמְחָה
וְשָׂשׂוֹן וִיקָר". (מְגִלַּת אֶסְתֵּר חְ', טְ"ז)

"וְהַחֹדֶשׁ אֲשֶׁר נֶהְפַּךְ לָהֶם מִיָּגוֹן
לְשִׂמְחָה, וּמֵאֵבֶל לְיוֹם טוֹב;
לַעֲשׂוֹת אוֹתָם יְמֵי מִשְׁתֶּה וְשִׂמְחָה,
וּמִשְׁלוֹחַ מָנוֹת אִישׁ לְרֵעֵהוּ,
וּמַתָּנוֹת לָאֶבְיוֹנִים".
(מְגִלַּת אֶסְתֵּר טְ', כְּ"ב)

"שָׁמוֹר אֶת חֹדֶשׁ הָאָבִיב וְעָשִׂיתָ פֶּסַח לַה׳ אֱלֹהֶיךָ כִּי בְּחֹדֶשׁ הָאָבִיב הוֹצִיאֲךָ ה׳ אֱלֹהֶיךָ מִמִּצְרַיִם לָיְלָה״. (דברים ט״ז, א)

הָרְחוֹב הַזֶּה נִרְאֶה לִי דֵּי מֻכָּר...

"שָׁלוֹם, אֲנָשִׁים, אֲנִי מְחַפֵּשׂ אֶת חֲבֵרֵי אוּרִי. אַתֶּם יוֹדְעִים אוּלַי הֵיכָן הוּא גָּר?"

"סְלִיחָה, סְבִיבוֹן נֶחְמָד, אֲנַחְנוּ לֹא מַכִּירִים, וְכָרֶגַע אֲנַחְנוּ עֲסוּקִים. יֵשׁ לְפָנֵינוּ הֲכָנוֹת רַבּוֹת, חַג הַפֶּסַח מִתְקָרֵב וּבָא, חַג הַחֵרוּת, חַג הָאָבִיב, חַג שֶׁל שִׂמְחָה!

בַּחֲרִיצוּת רַבָּה נִקִּינוּ וְסִדַּרְנוּ אֶת בָּתֵּינוּ, וְכָעֵת מַה שֶׁנּוֹתָר הוּא לְבַעֵר אֶת שְׁאֵרִיּוֹת הֶחָמֵץ הָאַחֲרוֹנוֹת מִקְּרְבֵּנוּ."

‏"אַתָּה מְזֻמָּן, סְבִיבוֹן, לַאֲרוּחַת הֶחָג. הָעֶרֶב, ט״ו בְּנִיסָן, נֵשֵׁב כֻּלָּנוּ מְסֻבִּים סְבִיב שֻׁלְחָן חַג עָרוּךְ בְּשֶׁפַע מַטְעַמִּים. מִתּוֹךְ הַגָּדַת הַפֶּסַח אֶת סִפּוּר יְצִיאַת בְּנֵי יִשְׂרָאֵל מֵאֶרֶץ מִצְרַיִם נְגוֹלֵל, עַל עֶשֶׂר הַמַּכּוֹת וְעַקְשָׁנוּתוֹ הָרַבָּה שֶׁל פַּרְעֹה לְשַׁחְרֵר לַחָפְשִׁי אֶת בְּנֵי יִשְׂרָאֵל".

‏בְּסֵדֶר הַפֶּסַח נְבָרֵךְ וְנִשְׁתֶּה אַרְבַּע כּוֹסוֹת יַיִן לִרְוָיָה, נָשִׁיר "מַה נִּשְׁתַּנָּה", וְנֹאכַל מַצָּה, מָרוֹר, חֲרֹסֶת, כַּרְפַּס, חֲזֶרֶת וּבֵיצָה.

‏בְּמֶשֶׁךְ שִׁבְעַת יְמֵי הֶחָג נְבַקֵּר קְרוֹבֵי מִשְׁפָּחָה וַחֲבֵרִים, נְטַיֵּל אַתֶּם בִּשְׁבִילֵי הָאָרֶץ וְנִשְׁתַּתֵּף בְּאֵרוּעִים חֲגִיגִיִּים.

שׁוּב אֲנִי פּוֹסֵעַ בְּדַרְכִּי. מֵרָחוֹק אֲנִי רוֹאֶה אוֹרוֹת מְשַׁנִּים, לְרֶגַע
קָט הֵם נִרְאִים לִי מֻכָּרִים. אוֹרוֹת בִּצְבָעִים מַרְהִיבִים: כָּחֹל,
אָדֹם, צָהֹב, יָרֹק, כָּתֹם, וַאֲפִלּוּ אוֹרוֹת כְּסוּפִים וּזְהֻבִּים.
אֲנִי מְאוֹד מְבֻלְבָּל, חֲגִיגָה נוֹסֶפֶת כָּאן מִתְרַחֶשֶׁת?

בְּהֶחְלֵט כֵּן! יוֹם הַהֻלֶּדֶת שֶׁל מְדִינַת יִשְׂרָאֵל, יוֹם הָעַצְמָאוּת, ה' בְּאִיָּר.
בְּיוֹם זֶה בְּטֶקֶס בְּמוּזֵאוֹן תֵּל אָבִיב הֻכְרַז עַל הֲקָמַת מְדִינַת יִשְׂרָאֵל
וְנֶחְתְּמָה מְגִלַּת הָעַצְמָאוּת.

מִצָּפוֹן וְעַד דָּרוֹם בְּרַחֲבֵי הָאָרֶץ נֶעֶרְכוֹת חֲגִיגוֹת מַרְהִיבוֹת,
עִם מוֹפָעֵי זִקּוּקִים בִּשְׁלַל צְבָעִים.
נְצַיֵּן אֶת מִסְפַּר שְׁנוֹת עַצְמָאוּתֵנוּ:
מְדִינָתֵנוּ בַּת ___ שָׁנִים.

אָז תִּשְׁאַל הָאֻמָּה שְׁטוּפַת דֶּמַע וָקֶסֶם
וְאָמְרָה: "מִי אַתֶּם?" וְהַשְּׁנַיִם, שׁוֹקְטִים,
יַעֲנוּ לָהּ: "אֲנַחְנוּ מַגָּשׁ הַכֶּסֶף,
שֶׁעָלָיו לָךְ נִתְּנָה מְדִינַת הַיְּהוּדִים".
כָּךְ יֹאמְרוּ. וְנָפְלוּ לְרַגְלָהּ עוֹטְפֵי צֵל.
וְהַשְּׁאָר יְסֻפַּר בְּתוֹלְדוֹת יִשְׂרָאֵל.
(נָתָן אַלְתֶּרְמָן, "מַגָּשׁ הַכֶּסֶף")

ישראל הממשלה הזמנית
עיתון רשמי: מס' 1 תל-אביב
ה' באייר תש"ח 14.5.1948 עמ' 1

הכרזה על הקמת מדינת ישראל

בארץ-ישראל קם העם היהודי, בה עוצבה דמותו הרוחנית, הדתית והמדינית, בה חי חיי קוממיות ממלכתית, בה יצר נכסי תרבות לאומיים וכלל-אנושיים והוריש לעולם כולו את ספר הספרים הנצחי.

לאחר שהוגלה העם מארצו בכוח הזרוע שמר לה אמונים בכל ארצות פזוריו, ולא חדל מתפילה ומתקוה לשוב לארצו ולחדש בתוכה את חירותו המדינית.

מתוך קשר היסטורי ומסורתי זה חתרו היהודים בכל דור לשוב ולהאחז במולדתם העתיקה; ובדורות האחרונים שבו לארצם בהמונים, וחלוצים, מעפילים ומגינים הפריחו נשמות, החיו שפתם העברית, בנו כפריח וערים, והקימו ישוב גדל והולך השליט על משקו ותרבותו, שוחר שלום ומגן על עצמו, מביא ברכת הקידמה לכל תושבי הארץ ונושא נפשו לעצמאות ממלכתית.

בשנת תרנ"ז (1897) נתכנס הקונגרס הציוני לקול קריאתו של הוגה חזון המדינה היהודית תיאודור הרצל והכריז על זכות העם היהודי לתקומה לאומית בארצו.

זכות זו הוכרה בהצהרת בלפור מיום ב' בנובמבר 1917 ואושרה במנדט מטעם חבר הלאומים, אשר נתן

"וְאָהַבְתָּ לְרֵעֲךָ כָּמוֹךָ – רַבִּי עֲקִיבָה אוֹמֵר זֶהוּ כְּלָל גָּדוֹל בַּתּוֹרָה". (תלמוד ירושלמי נדרים פרק ט' הלכה ד')

"שָׁלוֹם אֲנָשִׁים, גַּם אַתֶּם שׂוֹרְפִים אֶת שְׁאֵרִיּוֹת הֶחָמֵץ?"
"שְׁאֵרִיּוֹת הֶחָמֵץ? מָה פִּתְאוֹם! חַג הַפֶּסַח כְּבָר מֵאֲחוֹרֵינוּ".

"הַיּוֹם י"ח בְּאִיָּר, ל"ג בָּעֹמֶר – הַיּוֹם הַשְּׁלוֹשִׁים וּשְׁלוֹשָׁה
לִסְפִירַת הָעֹמֶר – וְאָנוּ חוֹגְגִים בְּהַדְלָקַת מְדוּרוֹת.

חֵץ וָקֶשֶׁת וּמְדוּרוֹת נוֹעֲדוּ לְהַזְכִּירֵנוּ כִּי בִּזְמַן הַשִּׁלְטוֹן
הָרוֹמָאִי בְּאֶרֶץ יִשְׂרָאֵל נִגְזְרָה גְּזֵרָה, וְנֶאֱסַר עַל הָעָם
הַיְּהוּדִי לִמּוּד הַתּוֹרָה.

רַבִּי עֲקִיבָא וְתַלְמִידָיו הֵפִיצוּ אֶת אוֹר הַתּוֹרָה מִתּוֹךְ מְקוֹמוֹת מִסְתּוֹר. כְּשֶׁשָּׁמְעוּ הָרוֹמָאִים שֶׁרַבִּי שִׁמְעוֹן בַּר יוֹחַאי, תַּלְמִידוֹ שֶׁל רַבִּי עֲקִיבָא, מְלַמֵּד תּוֹרָה לַמְרוֹת הַגְּזֵרָה, הֵם חִפְּשׂוּ אַחֲרָיו כְּדֵי לִפְגֹּעַ בּוֹ. רַבִּי שִׁמְעוֹן וְאֶלְעָזָר בְּנוֹ הִתְחַבְּאוּ בִּמְעָרָה בִּפְקִיעִין שֶׁבַּגָּלִיל וְשָׁהוּ בָּהּ 13 שָׁנָה. כָּל אוֹתוֹ הַזְּמַן לָמְדוּ תּוֹרָה, וְהִתְקַיְּמוּ מֵאֲכִילַת חָרוּבִים מֵעֵץ שֶׁגָּדַל שָׁם דֶּרֶךְ נֵס, וּמִמַּיִם מִמַּעְיָן שֶׁנָּבַע בְּפֶתַח הַמְּעָרָה. בְּכָל אוֹתָן הַשָּׁנִים עָסַק רַבִּי שִׁמְעוֹן בְּסוֹדוֹת הַתּוֹרָה, וּלְפִי הַמָּסֹרֶת, חִבֵּר אֶת סֵפֶר הַזֹּהַר, סֵפֶר הַקַּבָּלָה.

זֶהוּ יוֹם פְּטִירָתוֹ וַהֲמוֹנֵי אֲנָשִׁים עוֹלִים הַיּוֹם לְקִבְרוֹ בְּהַר מֵירוֹן שֶׁבַּגָּלִיל הָעֶלְיוֹן. אֲנָשִׁים רַבִּים מִתְאַסְּפִים יַחְדָּו בְּשִׁירָה, בִּנְגִינָה וּבְרִקּוּדִים. הִצְטָרֵף אֵלֵינוּ, סְבִיבוֹן, לַהִלּוּלָה. זֹאת מִצְוָה לִהְיוֹת יַחַד בְּשִׂמְחָה".

"אֶשָּׁאֵר מְעַט. אָכֵן, הַהִלּוּלָה גְּדוֹלָה, אַךְ בְּקָרוֹב עָלַי לְהַמְשִׁיךְ בְּדַרְכִּי אֶל הַחַג הַבָּא".

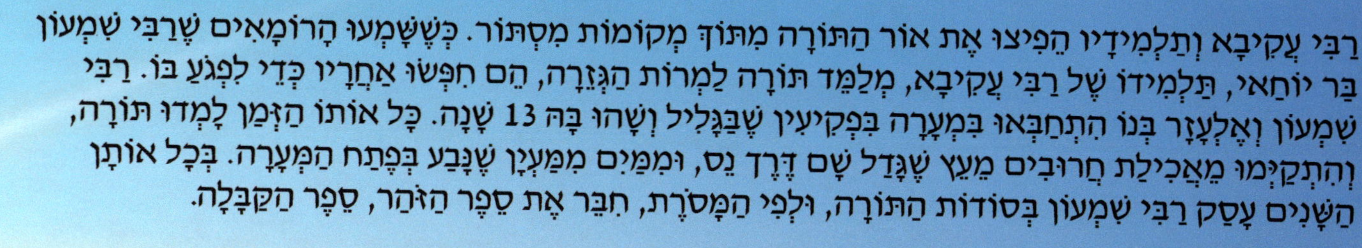

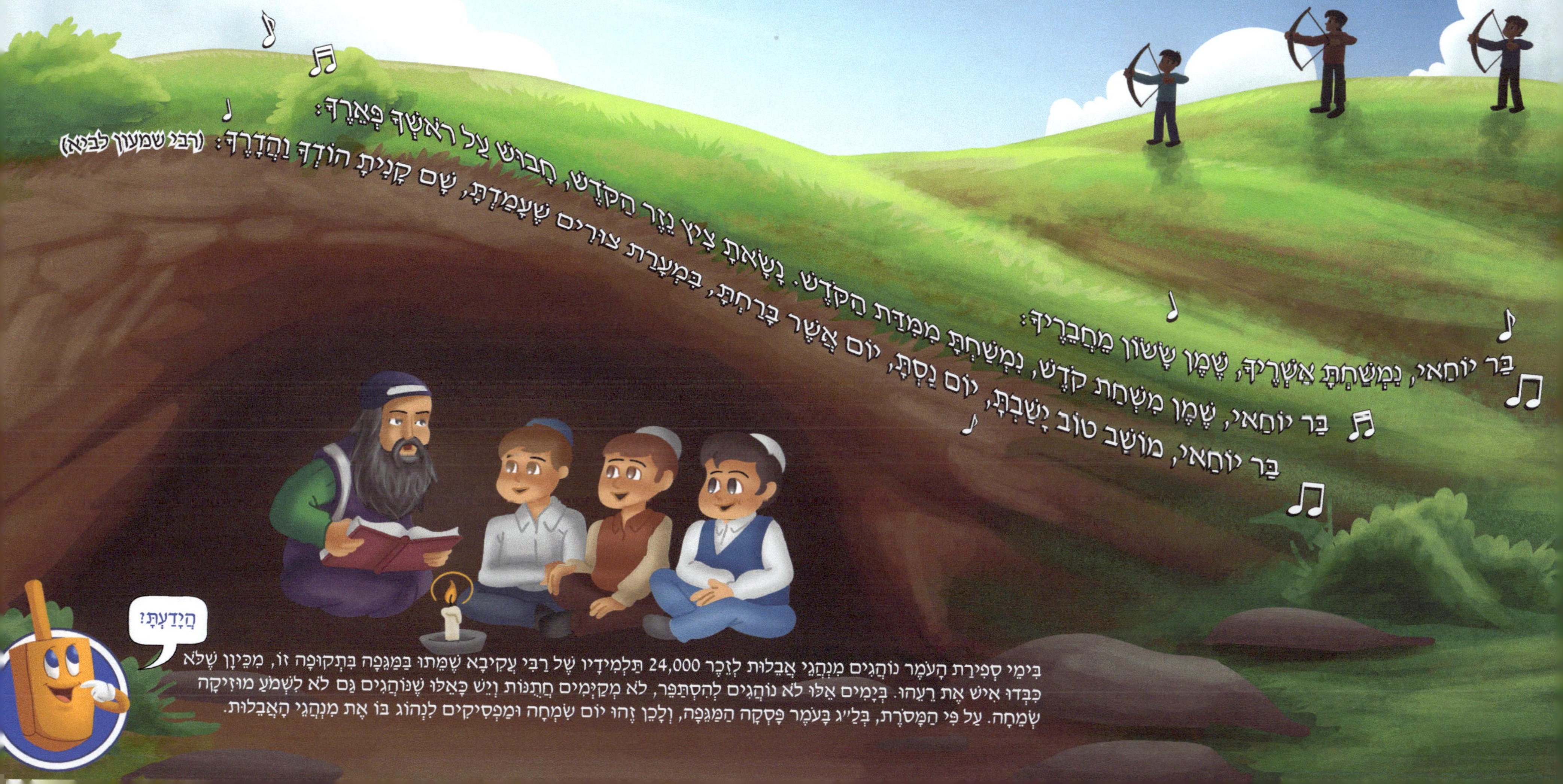

בִּימֵי סְפִירַת הָעֹמֶר נוֹהֲגִים מִנְהֲגֵי אֲבֵלוּת לְזֵכֶר 24,000 תַּלְמִידָיו שֶׁל רַבִּי עֲקִיבָא שֶׁמֵּתוּ בַּמַּגֵּפָה בַּתְּקוּפָה זוֹ, מִכֵּיוָן שֶׁלֹּא כִּבְּדוּ אִישׁ אֶת רֵעֵהוּ. בְּיָמִים אֵלּוּ לֹא נוֹהֲגִים לְהִסְתַּפֵּר, לֹא מְקַיְּמִים חֲתֻנוֹת וְיֵשׁ כְּאֵלּוּ שֶׁנּוֹהֲגִים גַּם לֹא לִשְׁמֹעַ מוּזִיקָה שְׂמֵחָה. עַל פִּי הַמָּסֹרֶת, בְּל"ג בָּעֹמֶר פָּסְקָה הַמַּגֵּפָה, וְלָכֵן זֶהוּ יוֹם שִׂמְחָה וּמַפְסִיקִים לִנְהֹג בּוֹ אֶת מִנְהֲגֵי הָאֲבֵלוּת.

הַר נִמְצָא בְּדַרְכִּי. דְּמָמָה, וַהֲמוֹנֵי אֲנָשִׁים בְּתַחְתִּית הָהָר.

"הִשָּׁאֵר כָּאן אִתָּנוּ, סְבִיבוֹן יָקָר, הִזָּהֵר שֶׁלֹּא לַעֲלוֹת בְּמַעֲלֵה הָהָר. הַיּוֹם ו' בְּסִיוָן הוּא חַג מַתַּן תּוֹרָה, חַג הַשָּׁבוּעוֹת, עַל שֵׁם שִׁבְעַת הַשָּׁבוּעוֹת שֶׁסּוֹפְרִים בִּסְפִירַת הָעֹמֶר – מֵהַיּוֹם הַשֵּׁנִי שֶׁל חַג הַפֶּסַח עַד הַיּוֹם הָאַחֲרוֹן לַסְּפִירָה, הַיּוֹם הַ-49. הַיּוֹם הַחֲמִשִּׁים הוּא חַג הַשָּׁבוּעוֹת.

בְּבֵית הַכְּנֶסֶת נִתְכַּנֵּס יַחְדָּו לִשְׁמִיעַת עֲשֶׂרֶת הַדִּבְּרוֹת. זֹאת תּוֹרָתֵנוּ הַקְּדוֹשָׁה, עִם כָּל חֻקֶּיהָ וּמִצְווֹתֶיהָ, אֲשֶׁר לְעַם יִשְׂרָאֵל בְּמַעֲמַד הַר סִינַי נִתְּנָה.

"מֵהָחֵל חֶרְמֵשׁ בַּקָּמָה תָּחֵל לִסְפֹּר שִׁבְעָה שָׁבֻעוֹת... מִסַּת נִדְבַת יָדְךָ אֲשֶׁר תִּתֵּן". (דברים ט"ז, ט'-י')

רַבִּים מִן הַיְּהוּדִים נִשְׁאָרִים עֵרִים בְּמֶשֶׁךְ כָּל לֵיל הֶחָג כְּדֵי לִלְמֹד תּוֹרָה; נוֹהֲגִים לִקְרֹא אֶת מְגִלַּת רוּת, לְקַשֵּׁט אֶת הַבַּיִת וְאֶת בָּתֵּי הַכְּנֶסֶת בִּצְמָחִים יְרֻקִּים וְלֶאֱכֹל מַאַכְלֵי חָלָב, עוּגוֹת גְּבִינָה, בְּלִינְצֶ'סִים וּמְתוּקִים".

לְחַג הַשָּׁבוּעוֹת שֵׁמוֹת נוֹסָפִים: חַג הַקָּצִיר וְחַג הַבִּכּוּרִים. מִתְּבוּאַת אַרְצֵנוּ פֵּרוֹת וִירָקוֹת אֶת הַטֶּנֶא נְמַלֵּא, נִלְבַּשׁ בִּגְדֵי לָבָן וּבִזֵר פְּרָחִים מְהֻדָּר אֶת רֹאשֵׁינוּ נְעַטֵּר.

הַיָדַעְתָּ?

מְקַשְּׁטִים אֶת הַבָּתִּים וּבָתֵּי הַכְּנֶסֶת בַּעֲנָפִים וּבִצְמָחִים יְרֻקִּים לִכְבוֹד הַתּוֹרָה שֶׁנִּתְּנָה לָנוּ בְּחַג הַשָּׁבוּעוֹת. אוֹמְרִים שֶׁבִּזְמַן מַתַּן תּוֹרָה הַר סִינַי הִתְקַשֵּׁט בִּצְמָחִים לִכְבוֹד קַבָּלָתָהּ שֶׁל הַתּוֹרָה.

אֲנִי שׁוֹמֵעַ קוֹלוֹת תְּרוּעָה...

"שָׁלוֹם לָךְ, סְבִיבוֹן יָקָר! הַאִם הִגַּעְתָּ לַחֲגֹג עִמָּנוּ אֶת רֹאשׁ הַשָּׁנָה?"

"רֹאשׁ הַשָּׁנָה?"

"כֵּן. בְּא' בְּתִשְׁרֵי נִשְׁמַע קוֹל תְּרוּעַת הַשּׁוֹפָר, אֲשֶׁר מְסַמֵּן אֶת תְּחִלָּתָהּ שֶׁל הַשָּׁנָה הַחֲדָשָׁה. מִיּוֹם זֶה מַתְחִילִים עֲשֶׂרֶת יְמֵי תְּשׁוּבָה, וּבָהֶם נִפְתָּחִים שַׁעֲרֵי מְחִילָה וּסְלִיחָה. זֶהוּ זְמַן שֶׁל הִתְעוֹרְרוּת וְהִתְחַדְּשׁוּת רוּחָנִית שֶׁמִּסְתַּיֵּם בִּנְעִילַת הַשְּׁעָרִים בְּיוֹם הַכִּפּוּרִים. בְּמִנְהַג הַ'תַּשְׁלִיךְ' לְיַד מְקוֹר מַיִם מְרֻקָּנִים אָנוּ אֶת כִּיסֵינוּ מִמַּעֲשֵׂינוּ, מִמַּחְשְׁבוֹתֵינוּ וּמִכָּל חֲטָאֵינוּ.

אַתָּה מְזֻמָּן לְהִצְטָרֵף אֵלֵינוּ לַאֲרוּחַת הֶחָג. נְאַחֵל בָּהּ שֶׁנִּהְיֶה תָּמִיד לְרֹאשׁ וְלֹא לְזָנָב,
וְנִטְבֹּל תַּפּוּחַ בִּדְבַשׁ לְשָׁנָה טוֹבָה וּמְתוּקָה עִם הַתְחָלוֹת חֲדָשׁוֹת וַהֲמוֹן שִׂמְחָה."

"הָאֲוִירָה מְיֻחֶדֶת וְכֻלָּם בַּהֲכָנוֹת, הָיִיתִי שָׂמֵחַ לְהִשָּׁאֵר, אַךְ כָּעֵת עָלַי לְהַמְשִׁיךְ בְּדַרְכִּי
אֶל הֶחָג הַבָּא."

וְהִנֵּה הִגִּיעַ י׳ בְּתִשְׁרֵי, יוֹם הַכִּפּוּרִים, יוֹם שֶׁל חֶשְׁבּוֹן נֶפֶשׁ וְהִרְהוּרִים, חֲרָטָה,
סְלִיחָה וּתְפִלּוֹת מֵעֹמֶק לִבֵּנוּ לִמְחִילָה, וְתִקְוָה שֶׁנֵּחָתֵם לְחַיִּים טוֹבִים וַאֲרֻכִּים.

מֵעֶרֶב יוֹם הַכִּפּוּרִים לִפְנֵי הַשְּׁקִיעָה צָמִים מְבֻגָּרִים וִילָדִים מֵעַל גִּיל הַמִּצְוָה.
זֶהוּ זְמַן שֶׁבּוֹ שַׁעֲרֵי הַשָּׁמַיִם פְּתוּחִים לִתְפִלּוֹת, לְתַחֲנוּנִים, לְבַקָּשׁוֹת וּלְמַעֲנוֹת.
לְמָחֳרָת, לְאַחַר תְּפִלַּת נְעִילָה וּבְהִשָּׁמַע קוֹל הַשּׁוֹפָר, נִנְעָלִים הַשְּׁעָרִים וְנֶחְתָּם
לוֹ יוֹם הַכִּפּוּרִים.

עָבַרְתִּי יָמִים מְעַנְיְנִים וְחָוִיתִי בָּהֶם תְּחוּשׁוֹת מְיֻחָדוֹת, יָמִים שֶׁל תְּפִלּוֹת וּסְלִיחוֹת.
מִצַּד בָּאֱמוּנָה שֶׁבַּלֵּב, הָמוֹן בִּטָּחוֹן וְסַקְרָנוּת רַבָּה, הִגִּיעָה הָעֵת לְהַמְשִׁיךְ בְּדַרְכִּי אֶל הַחַג הַבָּא.

"בַּסֻּכֹּת תֵּשְׁבוּ שִׁבְעַת יָמִים, כָּל הָאֶזְרָח בְּיִשְׂרָאֵל יֵשְׁבוּ בַּסֻּכֹּת". (ויקרא כ"ג, מ"ב)

אֲנִי רוֹאֶה הָמוֹן בָּתִּים מוּזָרִים מְעֻטָּרִים בְּקִשּׁוּטִים, וּמֵעֲלֵיהֶם עֲנָפִים. אוּלַי אָצִיץ פְּנִימָה וַאֲגַלֶּה מָה בִּפְנִים?

"שָׁלוֹם, אוֹרֵחַ יָקָר, בְּבַקָּשָׁה הִצְטָרֵף אֵלֵינוּ לַסֻּכָּה. הַכְנָסַת אוֹרְחִים הִיא מִצְוָה, וּבְמֶשֶׁךְ שִׁבְעַת יְמֵי הַחַג אָנוּ מְצַפִּים גַּם לִבְקוּר שִׁבְעַת הָאֻשְׁפִּיזִין: אַבְרָהָם, יִצְחָק, יַעֲקֹב, מֹשֶׁה, אַהֲרֹן, יוֹסֵף וְדָוִד.

חֲמִשָּׁה יָמִים לְאַחַר יוֹם הַכִּפּוּרִים, בְּט"ו בְּתִשְׁרֵי אֶת חַג הַסֻּכּוֹת חוֹגְגִים".

הַסֻּכָּה מְסַמֶּלֶת אֶת יְשִׁיבָתָם שֶׁל בְּנֵי יִשְׂרָאֵל בַּסֻּכָּה
בְּעֵת שֶׁנָּדְדוּ בַּמִּדְבָּר, וְאֶת עַנְנֵי הַכָּבוֹד שֶׁהִקִּיפוּ
אוֹתָם בְּצֵאתָם מֵאֶרֶץ מִצְרַיִם וְהֵגֵנּוּ עֲלֵיהֶם בְּדַרְכָּם
בַּמִּדְבָּר מִפְּנֵי הַחֹם הַכָּבֵד בְּמֶשֶׁךְ הַיּוֹם, מִפְּנֵי קֹר
הַלַּיְלָה וּמִתְּלָאוֹת הַדֶּרֶךְ. עַל כֵּן בְּמַהֲלַךְ שִׁבְעַת יְמֵי
הַחַג נֵשֵׁב בַּסֻּכָּה, נֹאכַל, נִשְׁתֶּה וּנְשַׂחֵק, וְחֶלְקֵנוּ אַף
יִשָּׁאֵר לָלוּן בָּהּ.

חַג הַסֻּכּוֹת נִקְרָא גַּם חַג הָאָסִיף, עַל שֵׁם הַתְּקוּפָה
הַחַקְלָאִית בְּיָמִים אֵלּוּ, שֶׁבָּהּ מְסַיְּמִים לֶאֱסֹף אֶת
הַתְּבוּאָה מִן הַשָּׂדֶה.

בְּמַהֲלַךְ הַחַג בְּמִצְוַת נְטִילַת הַלּוּלָב אָנוּ אוֹגְדִים יַחְדָּו
אֶת אַרְבַּעַת הַמִּינִים: אֶתְרוֹג, לוּלָב, עֲרָבָה וְעַנְפֵי הֲדַסִּים.
בְּיָדֵינוּ אוֹתָם אָנוּ אוֹחֲזִים, בָּהֶם מְנַעְנְעִים וַעֲלֵיהֶם מְבָרְכִים.

”סְבִיבוֹן יָקָר, תִּרְצֶה לְהִשְׁתַּתֵּף עִמָּנוּ בְּתַחֲרוּת
הַסֻּכָּה הַיָּפָה בְּיוֹתֵר?”

”הַרְבֵּה סֻכּוֹת נִרְאוֹת יָפוֹת וּמְקֻשָּׁטוֹת לְהַפְלִיא,
וְהַבְּחִירָה לֹא פְּשׁוּטָה, אַךְ כָּעֵת עָלַי לְהַמְשִׁיךְ
בְּדַרְכִּי אֶל הַחַג הַבָּא.”

חֲכָמֵינוּ אָמְרוּ:
אַרְבַּעַת הַמִּינִים שׁוֹנִים בִּתְכוּנוֹתֵיהֶם, וּבְשׁוֹנוּתָם הֵם מְיַצְּגִים אֶת חֶלְקֵי עַם יִשְׂרָאֵל. חִבּוּרָם
לַאֲגֻדָּה אַחַת מְסַמֵּל אֶת חֲשִׁיבוּת הָאַחְדוּת בְּעַם יִשְׂרָאֵל, לַמְרוֹת הַהֶבְדֵּלִים בֵּין בְּנֵי הָאָדָם.

בְּכָל שַׁבָּת בְּבֵית הַכְּנֶסֶת אָנוּ מִתְכַּנְּסִים וְקוֹרְאִים פָּרָשָׁה אַחַת מֵחֲמֵשֶׁת חֻמְשֵׁי הַתּוֹרָה. בְּיוֹם שִׂמְחַת תּוֹרָה אָנוּ מַשְׁלִימִים אֶת קְרִיאַת הַפָּרָשָׁה הָאַחֲרוֹנָה, פָּרָשַׁת "וְזֹאת הַבְּרָכָה", וּמַתְחִילִים אֶת הַקְּרִיאָה מֵהַתְחָלָה, מִפָּרָשַׁת "בְּרֵאשִׁית". בְּחַג זֶה אָנוּ שְׂמֵחִים עִם הַתּוֹרָה וְחוֹגְגִים אֶת סִיּוּמָהּ שֶׁל קְרִיאַת הַתּוֹרָה וּתְחִלָּתָהּ מֵחָדָשׁ.

בְּכ"ב בְּתִשְׁרֵי מִתּוֹךְ אֲרוֹן הַקֹּדֶשׁ נוֹצִיא אֶת סִפְרֵי הַתּוֹרָה, וּבְמִנְהַג הַהַקָּפוֹת נָחֹג בְּמַעְגָּלִים לְפָחוֹת שֶׁבַע פְּעָמִים מִסָּבִיב לַבִּימָה. בַּתְּפוּצוֹת חוֹגְגִים אֶת הֶחָג בְּיוֹם הַמָּחֳרָת. הַיּוֹם הָרִאשׁוֹן מְכֻנֶּה "שְׁמִינִי עֲצֶרֶת" וְהַיּוֹם הַשֵּׁנִי הוּא יוֹם "שִׂמְחַת תּוֹרָה". יַחְדָּו נִשְׂמַח, נִרְקֹד, נָשִׁיר וּנְהַלֵּל: "שִׂישׂוּ וְשִׂמְחוּ בְּשִׂמְחַת תּוֹרָה, וּתְנוּ כָּבוֹד לַתּוֹרָה!"

הָאָדָם שֶׁמִּתְכַּבֵּד בָּעֲלִיָּה הָרִאשׁוֹנָה שֶׁל קְרִיאַת סֵפֶר בְּרֵאשִׁית נִקְרָא חָתָן __________.
(חתן תורה)

בִּשְׁבִילֵי הַדֶּרֶךְ אֲנִי שׁוּב צוֹעֵד, מְחַפֵּשׂ אֶת דַּרְכִּי חֲזָרָה לְבֵיתִי.
מִתְבּוֹנֵן, עוֹצֵר וְשׁוֹאֵל, נָח לְרֶגַע, יוֹשֵׁב בְּצַד הַדֶּרֶךְ.
מַרְגִּישׁ עָיֵף, דֵּי עָצוּב וּבוֹדֵד.

הַחֹשֶׁךְ יָרַד, וּלְפֶתַע, רֶגַע...

"הַנֵּרוֹת הַלָּלוּ אָנוּ מַדְלִיקִין עַל הַנִּסִּים וְעַל הַתְּשׁוּעוֹת וְעַל הַנִּפְלָאוֹת."

הָאוֹרוֹת הָאֵלּוּ נִרְאִים לִי מֻכָּרִים! אֲנִי שׁוֹמֵעַ צְחוֹק שֶׁל הַרְבֵּה אֲנָשִׁים, וְרֵיחַ מָתוֹק נִשָּׂא בָּאֲוִיר.
עַכְשָׁו אֲנִי יוֹדֵעַ! זֶהוּ הֶחָג שֶׁאֵלָיו אֲנִי שַׁיָּךְ! הָאוֹרוֹת הֵם נֵרוֹת הַחֲנֻכָּה, הָרֵיחַ הַמָּתוֹק הוּא שֶׁל סֻפְגָּנִיּוֹת עִם רִבָּה,
וְהִנֵּה יְלָדִים צוֹחֲקִים וּמְשַׂחֲקִים בִּסְבִיבוֹנִים צִבְעוֹנִיִּים.

"אוּרִי! אוּרִי! אַתָּה כָּאן?"

"סוֹבִי! זֶה אַתָּה?"

"כֵּן, סוֹבִי! אֲנִי פֹּה!"

אֵיזֶה נֵס מְיֻחָד לִכְבוֹד חַג הַחֲנֻכָּה! אָכֵן, מָצָאתִי אֶת דַּרְכִּי חֲזָרָה! כ"ה בְּכִסְלֵו
חַג הָאוּרִים, הֶחָג שֶׁבּוֹ הִתְרַחֲשׁוּ שְׁנֵי נִסִּים: נִצְּחוֹן הַחַשְׁמוֹנָאִים הַמְעַטִּים
עַל הַיְּוָנִים הָרַבִּים וְנֵס פַּךְ הַשֶּׁמֶן שֶׁהִסְפִּיק לְהָאִיר אֶת הַמְּנוֹרָה בְּבֵית
הַמִּקְדָּשׁ בְּמֶשֶׁךְ שְׁמוֹנָה יָמִים.

עַל כֵּן בְּמֶשֶׁךְ שְׁמוֹנַת יְמֵי הַחַג
נֵרוֹת חֲנֻכָּה אָנוּ מַדְלִיקִים, דְּמֵי חֲנֻכָּה מְקַבְּלִים,
יַחְדָּו בִּסְבִיבוֹנִים צִבְעוֹנִיִּים מְשַׂחֲקִים
וּמַאֲכָלִים מְטֻגָּנִים אוֹכְלִים.
סֻפְגָּנִיּוֹת וּלְבִיבוֹת אָנוּ הֲכִי אוֹהֲבִים!

אוֹר גָּדוֹל מִסְּבִיבִי עַכְשָׁו.
אֶת הַחֹשֶׁךְ גֵּרַשְׁתִּי וְאֶת מְקוֹמִי בַּחֲזָרָה מָצָאתִי!

אֲנִי וְאוֹרִי שׁוּב יַחַד – מְשַׂחֲקִים,
רוֹקְדִים וְשָׁרִים שִׁירֵי חֲנֻכָּה רַבִּים:
"סְבִיבוֹן, סֹב סֹב סֹב, חֲנֻכָּה הוּא חַג טוֹב".

הֲיָדַעְתָּ?
חַג הַחֲנֻכָּה נִקְרָא עַל שֵׁם טָהוֹר בֵּית הַמִּקְדָּשׁ
וַחֲנֻכָּתוֹ לְאַחַר נִצְחוֹן הַחַשְׁמוֹנָאִים בַּמֶּרֶד
נֶגֶד הַיְּוָנִים, חֲנֻכַּת בֵּית הַמִּקְדָּשׁ, חֲנֻכַּת הַמִּזְבֵּחַ.

בֵּין חַגֵּי יִשְׂרָאֵל עָבַרְתִּי דֶּרֶךְ מְרַתֶּקֶת, מְעַנְיֶנֶת וּשְׂמֵחָה,
וְעַל כָּךְ אֲנִי מַכִּיר תּוֹדָה לְמָסֹרֶת יְהוּדִית כֹּה מֻפְלָאָה.

כָּל חַג שֶׁנָּחֹג מְיֻחָד בְּמִינוֹ עִם מַטְעַמִּים וּסְמָלִים מִשֶּׁלּוֹ.

חַגִּים שֶׁבָּהֶם כֻּלָּנוּ מִתְאַסְּפִים, מִשְׁפָּחָה קְרוֹבָה, בְּנֵי דּוֹדִים,
חֲבֵרִים, יְלָדִים וּמְבֻגָּרִים. יַחְדָּו אָנוּ חוֹלְקִים עֲרָכִים וּמִנְהָגִים,
וְאוֹתָם נַעֲבִיר לַדּוֹרוֹת הַבָּאִים.

תּוֹדָה שֶׁהֱיִיתֶם שֻׁתָּפַי לַמַּסָּע, וּבְוַדַּאי נִתְרָאֶה שׁוּב בַּחַג הַבָּא.